Título original: *Nuestra piel arcoiris*
Primera edición: mayo de 2021

© 2021, Manuela Molina
© 2021, Penguin Random House Grupo Editorial, S.A.S.
Carrera 7 # 75-51, piso 7, Bogotá D.C., Colombia
© 2021, Natalia Agudelo, por las ilustraciones
© 2023, de la presente edición:
Penguin Random House Grupo Editorial USA, LLC
8950 SW 74th Court, Suite 2010
Miami, FL 33156

Impreso en Colombia / *Printed in Colombia*

ISBN: 978-1-64473-876-4

23 24 25 26 27   10 9 8 7 6 5 4 3 2 1

**Manuela
Molina Cruz**

Ilustrado por
Natalia Agudelo

Nuestra
piel
arcoíris

Todos somos distintos.
No nos vemos iguales.

¿Puedes notar algo que
nos diferencia?

Nuestra piel puede ser de muchos colores.

¿Puedes identificar de qué color es la tuya?

Como en el cielo...

nuestra piel
forma un gran
arcoíris.

Los colores de nuestra piel se
formaron dependiendo
de dónde vivían nuestros
ancestros hace
miles de años.

Océano Pacífico

Océano
Atlántico

Océano Ártico

Océano Pacífico

Océano Índico

Nuestros ancestros que vivían en lugares de mucho sol necesitaban más melanina.

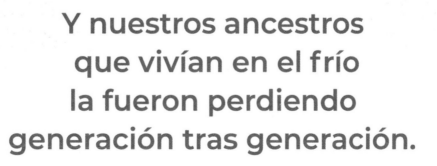

Y nuestros ancestros
que vivían en el frío
la fueron perdiendo
generación tras generación.

La melanina
le da el pigmento oscuro
a nuestra piel.

Y entre más sol tomamos,
más melanina hay en nuestro cuerpo.

Cuando nacemos, heredamos en nuestros genes la cantidad de melanina que dará el color a nuestra piel.

Nuestro color

nos acompañará toda la vida.
Es un regalo de nuestros ancestros:

tus tatara,
tatara,
tatarabuelos

Por eso la piel puede ser de muchos tonos.

Eso no nos hace mejores ni peores, **sólo diferentes.**

Así como en un jardín de rosas,
tulipanes y girasoles,

**todas siguen
siendo flores...**

Así en la humanidad
hay diferentes
culturas y colores.

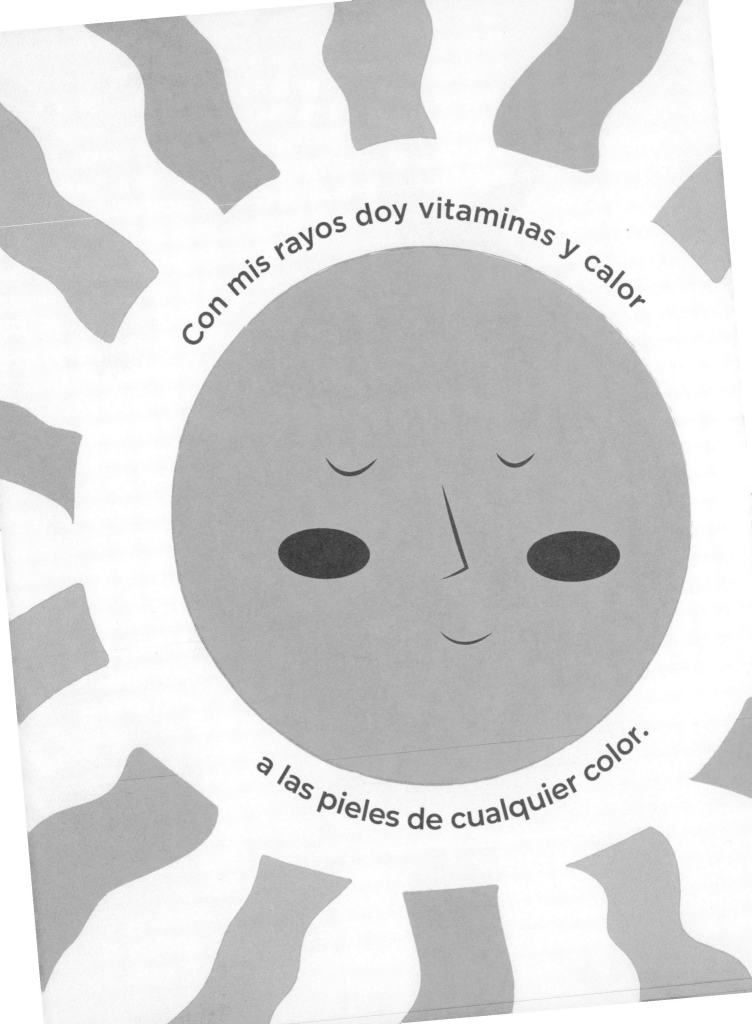

Con mis rayos doy vitaminas y calor
a las pieles de cualquier color.

Y aunque el pigmento
de nuestra piel sea
distinto por la evolución,
todos tenemos
un mismo corazón.

Hay personas que olvidaron
esta verdad, y rechazan
a quienes les parecen diferentes.

Es como si tuvieran
sus gafas sucias
y no pudieran ver
con claridad.

Tienen creencias falsas
que se llaman

prejuicios.

Piensan que por el color
de piel las personas son:

malvadas

peligrosas

o poca cosa.

Cuando las personas tienen prejuicios pueden actuar de manera racista.

El racismo es

tratar de manera injusta, rechazar, ofender o lastimar a una persona por su

color de piel.

Pero tú puedes ayudar
a que esto no pase...

Cuando te ofendan a ti o alguien más por su color de piel, usa tu **gran voz.**

¡Diles que no está bien, que así no debe ser!

Cuando no dejen jugar a alguien
por como se ve, crea tu propia
aventura e invítalo a participar.

Ayuda a que todos
sean bienvenidos
a la hora de jugar.

Nos vemos diferentes,

pero somos iguales en el
corazón.

Nuestra piel forma un arcoíris...

y todos merecemos ser
tratados con el mismo
respeto y compasión.

¡Que siga saliendo el **arcoír**is!

Escanea este código QR para hacer una actividad con tus niños y niñas.

Manuela Molina Cruz

Psicóloga infantil colombiana, magister en psicología clínica y especializada en terapia de juego. Lleva seis años trabajando en programas de inteligencia emocional para primera infancia y acompaña a familias y educadores en su plataforma virtual Mindheart para poner mente y corazón en la crianza.

Manuela Molina
Psicología Infantil

@mindheart.kids

Natalia Agudelo González

Diseñadora industrial e ilustradora colombiana radicada en Australia. Es fundadora de Sellic Studio donde integra diseño gráfico, arte decorativo e ilustraciones. Su sello sostenible, con materiales orgánicos, integra el poder de la naturaleza y el océano para llevarlo a todos los hogares del mundo.

@sellic.studio